LES

MAIRES RÉPUBLICAINS

ET LE SEPTENNAT

PAR

LE DOCTEUR A. ADAM

MAIRE DE BRETX

❖

TOULOUSE

IMPRIMERIE VIALELLE ET Cᵉ, RUE DU LYCÉE

—

1874

LES MAIRES RÉPUBLICAINS

ET LE SEPTENNAT

Bretx, 15 avril 1874

I

Mon cher collègue, je m'obstine à vous donner ce titre, bien que messieurs de l'ordre moral ne vous aient pas trouvé digne d'être des leurs. Vous deviez vos fonctions de maire à la confiance de vos concitoyens, à leur affection et à leur estime ; cette confiance demeure entière ; et la mesure dont vous êtes l'objet, ne peut que vous grandir dans leur estime et dans leur affection. Vous êtes encore l'élu de votre commune, et si je suis à mon poste, c'est que je me crois toujours l'élu de la mienne.

Donc, mon cher collègue, nous venons d'assister à un spectacle étrange et vraiment nouveau. Trente mille maires ont défilé devant messieurs les préfets de l'ordre. Il fallait constater, dans cette revue passée à huis-clos, s'ils portaient correctement l'uniforme que vient de leur tailler, dans une circulaire mémorable, M. le ministre de l'intérieur. Il n'était point nécessaire de les appeler tous ; quelques-uns, — exemples proposés à notre admiration, — étant de cette matière flexible et malléable dont furent pétris, de tout temps, les adorateurs du succès et de la force. De ceux-là, tous les régimes se peuvent accommoder, parce qu'ils s'accommodent de tous les régimes. D'autres étaient d'avance condamnés à la révocation, comme sont condamnés au feu ces arbres rebelles à toute culture, et dont on ne peut attendre que de mauvais fruits. Nous avons dû subir l'épreuve, — *pars fui* ; — et nous l'avons subie avec un succès inégal. Vous avez succombé, j'ai pu me sauver du naufrage, et je saisis la plume pour vous faire part de mes impressions.

Ma première pensée, vous le devinez, a été de contempler, à la lueur du speech dont nous a régalé M. le préfet, les effets de l'ouragan déchaîné sur les municipalités, et de chercher dans quelle mesure il me convenait de me réjouir du salut des unes ou de m'affliger de la perte des autres. Jetant autour de moi les yeux sur la phalange multicolore des maires selon le cœur des hommes du 24 Mai, je vois, au premier rang, le groupe triomphant des fruits secs du suffrage universel. Les électeurs leur avaient fait des loisirs qui ne leur allaient guère ; ils prennent leur revanche, et leur joie est d'autant plus bruyante qu'elle était inespérée. Puis vient la foule ; *vulgum pecus,* des maires de nuance indécise, dont on ne saurait, malgré la meilleure volonté, distinguer la couleur, soit

qu'elle ne fût pas nettement accusée quand les électeurs les choisirent pour leur tracer la voie ; soit
qu'elle se soit effacée peu à peu, par suite des nécessités du temps et sous les influences variées de notre
atmosphère politique. Je vois aussi pas mal de maires
monarchistes, dont la nomination est due à des transactions ignorées des profanes ; et, enfin, comme perdus dans le nombre, quelques rares républicains,
étonnés de se trouver encore debout, s'écoutent et
s'observent pour s'assurer qu'ils ne sont pas le jouet
d'une illusion, et cherchent le secret d'une si éton-
nante faveur.

A quelles circonstances devons-nous le salut ? Sur
quelle considération est établi ce triage des bons et
des mauvais, des condamnés et des absous ? Question
dont il ne m'est pas possible de me dissimuler l'importance, quand je songe à vous, mon ami, qui n'avez
pas trouvé grâce dans la razzia officielle. Car enfin, si
les révocations ont été motivées par l'indignité seule,
pourquoi avez-vous été révoqué ? Et, si elles sont dues
à ces aspirations qui nous sont communes et dont
nous appelons la réalisation de tous nos vœux, pourquoi mon sort a-t-il différé du vôtre ? J'interroge les
déclarations et les faits : les faits disent ceci, les déclarations disent cela.

Que si l'intérêt de l'ordre moral a seul été consulté,
mon embarras n'est pas moindre. Il existe dans cette
mêlée une confusion si étrange de sentiments et
d'idées, de couleurs et de formes, que cet ordre pré-
tendu me paraît un inextricable chaos. Il est vrai que
notre manière de comprendre l'ordre semble différer

sensiblement de celle ne nos adversaires. Pour nous, en effet, découvrir, par l'étude et l'application de la raison, la vérité sociale et politique, l'affirmer en toute occasion avec fierté, la défendre haut et ferme; subordonner toutes les considérations d'intérêt privé à des convictions chèrement acquises, n'avoir pour mobile que la conscience et la dignité; après avoir formulé ce que nous croyons la vérité politique, en demander la consécration à celui qui sera toujours plus sage que chacun de nous, le suffrage universel, voilà l'ordre, ou, pour parler le langage de nos Dieux, l'ordre moral. Dans la pensée de nos adversaires, l'ordre moral consiste à couvrir d'un voile discret ses opinions..... quand on en a; à dissimuler la nuance de sa cocarde, à confondre les couleurs diverses dont se parent les partis en un tout harmonieux, qui n'offusque les regards d'aucun d'eux; ou bien à mettre en relief chacune d'elles, selon les circonstances. Pour eux, en effet, un mot résume la loi et la doctrine : attraper quelques bribes du pouvoir. Or, le pouvoir est la résultante des forces habilement combinées de trois partis coalisés. Lorsqu'il y a, pour chacun des trois, une part égale de sacrifices et d'influence, on exhibe une cocarde multicolore :

> Je suis oiseau, voyez mes ailes.

L'équilibre vient-il à se rompre et l'un des trois semble-t-il acquérir une situation prépondérante, on exhibe le blanc ou le bleu, le vert ou le jaune :

> Je suis souris, vivent les rats !

L'ordre moral n'est donc plus ce qu'il était pour nous. Une date a changé tout cela. Il est des dates dont on peut dire ce que Pascal disait des Pyrénées : vérité en deçà, erreur au-delà.

C'est ainsi que nos maîtres comprennent l'ordre moral, la seule façon dont ils le puissent comprendre. Et l'ordre moral ainsi compris, demande à la conscience des complaisances que nous ne connaissons pas. Nous sommes des hommes dignes, nous serons des hommes dignes, en dépit de toutes les révocations passées, présentes et futures.

Aussi, quel affreux désordre..... moral ! — L'ordre légal n'a jamais été plus parfait, l'on en convient. — La rébellion était générale, l'administration impossible, il a fallu porter le fer dans la plaie, une hécatombe était nécessaire, vous avez été l'une des victimes.

Cependant, vous supportez votre disgrâce avec sérénité ; je ne suis pas très ravi de ma bonne fortune, et la joie des nouveaux arrivés cache mal de vagues inquiétudes et des préoccupations importunes. D'où vient cela ?

Pour ces derniers, je me l'explique. Quelle sera leur attitude, en présence de conseils municipaux chez lesquels ils ne peuvent trouver que peu de sympathie et beaucoup de défiance ? Je sais que leur audace est grande, et qu'ils professent un superbe dédain pour les arrêts de l'opinion publique. Mais ce dédain pourrait bien être affecté : on dédaigne un appui qu'on ne peut obtenir, voilà tout. Pour leur épargner des ennuis, le gouvernement a cru devoir prendre une de ces déterminations graves, qui émeuvent le sentiment public, parce qu'elles se heurtent aux principes les mieux établis et les plus universellement reconnus. Le droit d'élire les conseils municipaux est aussi vieux que notre existence nationale ; il n'a disparu qu'à des époques exceptionnellement troublées ; l'Assemblée vient de le supprimer, momentanément du moins, et de transformer ainsi tous les conseils en commissions municipales. Mais elle-même a reconnu combien cette mesure était fâcheuse. La majorité, cette fois, s'est trouvée réduite à des proportions infimes. Elle se serait peut-être évanouie, si le garde des sceaux n'avait solennellement promis que les élections ne seraient pas retardées au-delà du 1er janvier 1875. Et voilà la perspective qui ne réjouit pas tout le monde. Les électeurs pourraient être assez mal élevés pour dire alors tout haut ce qu'à présent ils pensent tout bas. Ce qui les trouble vous rassure, et je n'ai pas besoin de chercher ailleurs la raison du calme, je dirais presque de l'indifférence dont vous ne vous êtes pas départi.

Quant à nous, nous cherchons notre voie ; nous la cherchons dans la circulaire du ministre, dans les commentaires du préfet, dans la conduite politique de nos maîtres, dans les tendances contradictoires des dépositaires de l'autorité souveraine.

La circulaire établit deux motifs de révocation : l'incapacité et l'indignité. D'où l'on croit pouvoir conclure que la politique ne pèse d'aucun poids dans les décisions des préfets. Mais elle s'empresse aussitôt d'imposer aux élus le respect du Septennat, et la politique reprend tous ses droits. De sorte, que l'on est exclu pour des motifs non politiques, et maintenu pour des motifs politiques; et, si nous nous appliquons ces données, nous pouvons en déduire que vous avez été révoqué pour incapacité ou indignité, ce qui ne doit pas chatouiller agréablement votre amour-propre, et que j'ai été maintenu parce que ma politique était agréée, ce qui me donne à réfléchir. Eh bien! rassurez-vous; ces grands mots d'incapacité et d'indignité ne sont venus là que pour les besoins de la cause. La politique seule a motivé le grand mouvement qui vient d'agiter toutes les communes de France. C'est dans cet ordre d'idées qu'on a puisé le motif pour lequel vous avez été expulsé du corps municipal, comme un ferment dangereux pour la religion, la famille et la propriété, tandis que je n'étais pas indigne de prendre part à la croisade sainte entreprise pour la conjuration du péril social et la régénération morale de la nation. — *Dignus intrare.*

Nous sommes encore trop près des origines de l'Assemblée de Versailles pour avoir oublié les tendances qui semblaient, à cette époque, entraîner les convictions dans une voie bien différente. Un souffle de libéralisme avait imprégné les esprits et les cœurs; il était si général qu'on pouvait le croire sincère. On l'attribuait au rapprochement qui était né sous l'Empire, des nécessités d'une opposition commune, entre les représentants naturels de la liberté et ceux des classes dirigeantes. On parlait de rendre au pouvoir municipal toute son efficacité; on lui taillerait de la besogne. Le formalisme bureaucratique cesserait d'étouffer,

dans l'administration municipale, l'intelligence des intérêts locaux. L'action énervante du pouvoir central
allait enfin disparaître. Et, loin de mettre obstacle à la
libre manifestation des aspirations et des vœux, on
les recueillerait avec soin pour en faire la base d'un
établissement politique vraiment national et libre.
Tout cela n'était qu'apparence. Depuis quarante ans,
la vieille société se livrait, surtout dans les campagnes,
loin des regards de la science, à un travail souterrain
de reconstitution. Travail conduit avec ténacité, auquel
les éléments de succès ne manquaient pas. En 1871,
on s'est cru maître de la situation, on s'est fait libéral.
Puis, il a fallu donner la parole à ces populations que
l'on croyait tenir ; il a fallu recueillir ces vœux et ces
aspirations que l'on avait provoqués. Avec une obstina-
tion invincible, la nation a repoussé la royauté et acclamé la République. On a dû se rendre à l'évidence.
Trompés dans leurs espérances ; renonçant à des illusions décevantes, les monarchistes ont tourné les yeux
vers l'empire et lui ont emprunté les liens dans lesquels ils espèrent enlacer les communes, après s'être
assuré le concours de leurs représentants.

Vous le savez, du reste, et M. le préfet ne nous a
pas laissé de doute à cet égard, le gouvernement entend se placer nettement sur le terrain politique et
nous invite à l'y suivre. A d'autres époques, on a
éprouvé le besoin de rapetisser notre rôle ; on éprouve
le besoin de le grandir pour le mieux absorber. Nous
serons des hommes politiques et nos attributions seront politiques. Mais quelle politique nous demandera
le gouvernement ? une politique de conservation. De

conservation de quoi? eh parbleu! de lui, gouvernement. Or, la conservation du gouvernement n'est pas
chose facile. Les manœuvres qu'elle exige sont subor-
données à des événements que, souvent, on ne peut
prévoir. Des incidents fortuits en peuvent modifier la
direction, et voilà pourquoi tout en nous recomman-
dant la politique conservatrice du gouvernement, on
doit laisser planer un vague nuageux sur sa nature,
son but et ses tendances.

La politique, en effet, se présente, selon les points
de vue, sous des aspects bien divers. Si elle est l'art
de concilier les faits avec les principes, elle est aussi
l'art de piper les peuples — le mot est de Pascal. —
Si elle se propose pour but le progrès des sociétés hu-
maines par la science et le travail, elle aboutit souvent à la satisfaction égoïste des passions individuelles.

Il est une politique aux larges horizons et aux aspirations généreuses qui tend au développement de toutes les aptitudes, à l'amélioration des hommes par la
satisfaction des besoins légitimes de leur intelligence.
Elle fait tomber les barrières qui séparent les indivi-
dus, les corporations et les classes, elle groupe en un
seul faisceau toutes les forces du corps social et rap-
proche, dans la mesure du possible, les intérêts pri-
vés des intérêts généraux du pays, c'est la politique
nationale et républicaine.

Il en est une autre mesquine, étroite et exclusive
qui se met au service des systèmes et des coteries.
Elle a pour but de donner à ses fidèles la plus grande
part aux bénéfices de la société et la moindre aux sa-

crifices qu'elle exige. Ses moyens sont l'équivoque et
la compression ; elle s'appelle la politique de parti.
Elle est professée par deux sortes d'adhérents ; ces fa-
natiques d'autant plus ardents que leurs convictions
servent fort bien leurs intérêts et ces personalités
légères de conscience, mobiles d'opinions, douées d'un
flair délicat pour pressentir d'où viendra la fortune, et
d'une grande énergie conservatrice pour en retenir les
faveurs.

La politique républicaine et la politique de parti
manient les mêmes éléments, assouplissent les mêmes
facultés, domptent les mêmes passions. L'une les rap-
porte à l'intérêt général, l'autre à l'intérêt particulier.
Ni l'une ni l'autre ne relèvent du sentiment ou de la
fantaisie.

Celle-là, agissant sur les masses, invoque le droit
naturel et la dignité humaine, principes de tous les
temps et de tous les lieux. Celle-ci, s'exerçant toujours
dans un champ restreint, procède par l'intrigue et
l'habileté, elle excite les appétits, combine les vues
personnelles, calme les impatiences, fait naître les
illusions, ménage les surprises, imagine les expé-
dients, crée par la patience et maintient par la force
un édifice sans base qu'un vote imprévu fait crouler.
De là ces transformations subites, ces évolutions inattendues qui déroutent les prévisions et trompent la
prévoyance la mieux exercée.

Je reviens à ma question. De quelle politique som-
mes-nous les serviteurs ? et quelle est l'œuvre à laquelle nous sommes appelés à coopérer ?

Cette politique, on nous l'a définie d'un mot concis

comme un ordre, net comme un axiome : Respect au Septennat.

Le mot est net et concis, mais le commentaire est long. La question se transforme sans se résoudre. Qu'est-ce donc que le Septennat ?

II

Quand furent décrétées les élections de 1871, la moitié du territoire était foulé aux pieds des armées étrangères. C'est sous le regard insolent d'un ennemi détesté qu'il fallait rouvrir la plaie de nos divisions intestines, fermée un instant par les nécessités de la défense. L'administration impériale, frappée de stupeur à la vue de l'abîme qu'elle avait creusé sous nos pas et dont elle-même n'avait pas soupçonné la profondeur, venait d'abandonner lâchement aux hasards de sa destinée la France, mutilée et sanglante. Les hommes de Décembre, se croyant perdus sans retour, courbaient la tête sous les révélations accablantes des événements. Une administration nouvelle, composée d'éléments hétérogènes, improvisée à la hâte pour faire face à des difficultés inouïes, après avoir accompli sa tâche avec un patriotisme et une énergie auxquels l'avenir rendra justice, avait décliné la mission d'imprimer au pays une direction politique. Emprisonné pendant vingt ans dans les liens des candidatures officielles, le corps électoral venait de recouvrer une liberté dont il avait désappris l'usage. La presse dévoyée était tout entière à des préoccupations exclusivement militaires. Les partis, toujours vivaces, mais désagrégés par la politique césarienne, n'avaient pas eu le temps de se reconstituer; la France impériale était tombée et le contre coup de sa chute avait eu son retentissement dans le camp de ses adversaires. C'est dans cette situation que la nation reçut l'ordre de procéder, sans délai, au choix de ses représentants.

Personne n'était prêt et l'entente était impossible. Je me trompe; l'entente se fit sur un point. Le besoin instinctif d'échapper à une surprise avait fait naître chez tous, la volonté arrêtée de suppléer à une disposition légale et de limiter, dans sa nature et sa durée, le mandat qu'on allait confier. Les principaux organes de l'opinion se firent l'écho du sentiment public et, parmi eux, les journaux royalistes se signalèrent par la netteté de leurs déclarations. Quand l'Assemblée, disait la *Gazette de France*, aura signé la paix et trouvé la rançon, elle aura terminé sa mission et devra se retirer pour qu'il soit procédé à des élections éclairées et libres. Sur ces déclarations, les électeurs acceptèrent des noms souvent prononcés pendant nos dernières luttes, mais dont la signification politique n'était pas nettement définie et, à côté de ces noms, laissèrent glisser des noms nouveaux, inconnus, poussés par une puissance restée debout au milieu du désarroi général et à laquelle personne n'avait pris garde : le clergé.

La corporation n'était pas entamée par nos désas-

tres. Sa patrie n'est pas la patrie française. Rivale de
la société civile, qu'elle ne reconnaît que pour en re-
cevoir des subsides, elle benéficiait de son affaiblisse-
ment. Unie par des liens indissolubles à une puissance étrangère, elle en recueillait les vœux et les ins-
pirations. Toujours libre et décuplant ses forces par
une hiérarchie savamment organisée, elle pouvait
seule exercer une action directe sur nos populations
les plus éparses et son intervention allait donner à la
représentation nationale une physionomie particulière
qu'elle conservera dans l'histoire.

Le résultat des élections dépasse toutes les espérances de la réaction. Le parti royaliste se livra à une
joie sans réserve. Il considéra comme sienne la victoire
de ses vieux alliés et poussa ce cri de triomphe qui eut
son retentissement dans l'Europe entière : La France
est monarchique. Le parti clérical serra de bonne grâce
la main qu'on lui tendait. Mais il avait compris que,
dans nos sociétés modernes, les conditions de succès
ne sont plus les mêmes qu'avant la Révolution. Qu'au
milieu d'un siècle sceptique et positif, le mutuel appui que s'étaient prêté, jadis, la foi religieuse et la foi
politique ne lui serait que d'un faible secours. Que
son attachement à la royauté devait être subordonné
à la quantité de force matérielle que celle-ci pourrait
mettre à son service. Et qu'il convenait avant tout de
tirer de la victoire remportée tous les fruits qu'elle
pouvait donner. Il se mit à l'œuvre avec une ardeur
fébrile ; mais une déception l'attendait à son tour. La
précipitation électorale à laquelle il devait le succès
ne lui avait pas permis de sonder les reins de ses élus

et de mesurer avec exactitude l'étendue du dévouement qu'il en pouvait attendre. Presque tous naissaient à la vie politique. Ils caressaient avec amour l'avenir qui qui s'ouvrait devant leur jeune ambition. Ils n'étaient pas disposés à le compromettre dans des entreprises téméraires. Leur premier soin fut de s'orienter, de chercher leur voie ; et cette indécision qui laissait ignorer aux divers groupes parlementaires lequel d'entr'eux recevrait un appoint sans lequel il ne pouvait rien, amena fatalement la convention tacite appelée, dans l'histoire de ces dernières années, le pacte de Bordeaux. Hâtons-nous de le dire, le pacte de Bordeaux avait sa raison d'être. Les partis n'avaient pas entendu dissimuler, derrière un masque hypocrite, leurs menées et leurs intrigues. L'ennemi était là, ils ajournaient leurs espérances. Ils allaient se compter ; mieux encore, acquérir cette maturité sans laquelle ils ne pouvaient créer qu'une œuvre impuissante et caduque. En attendant, la besogne ne manquerait pas, on voterait ces lois libérales sur lesquelles l'accord était fait. — Lois municipale et des conseils généraux, — vrai titre d'honneur de l'Assemblée qui, nous l'espérons, ne l'effacera pas de sa propre main ; un illustre citoyen, acclamé par vingt départements, à la vieille expérience duquel était confiée la direction des affaires, travaillerait sans relâche à la libération du territoire ; et chacun, sans cesser d'affirmer ses sentiments et ses vœux, attendrait, pour en revendiquer la satisfaction, que la France fût rendue à elle-même et reposée de tant d'épreuves.

La France se possédait assez pour leur signifier sa

2

volonté, elle la leur signifia par toutes les voies de l'opinion publique, et surtout par les élections partielles. On la faisait royaliste et cléricale, elle se déclara républicaine. On avait proclamé la République, peut-être avec l'arrière pensée de faire tomber sur elle l'impopularité des impôts que l'on allait demander au pays ; la République avait pris racine. Et le pays l'affirmait avec un ensemble qui ne laissait aucun espoir à ses adversaires. Éperdus, ils invoquent le chef de l'État ; font appel à ses convictions monarchiques. Le chef de l'État a vu clair dans la volonté de la nation, et la respecte. Elle est républicaine, il sera républicain. Il le dit avec cette éloquence qu'inspirent les grandes causes. Il faut le réduire au silence ; on invente cette procédure gravement élaborée pendant trois mois par trente porte-flambeaux de l'Assemblée et si bien qualifiée de chinoiserie. Rien n'y fait. Le mouvement républicain s'accentue de plus en plus. Il faut une épée pour l'arrêter ; on fait la journée du 24 mai.

Jour de triomphe et d'humiliation, amené par des transactions inavouées et des concessions douloureuses. Solution louche d'une situation sans issue, qui donnait à chaque coalisé une lueur d'espérance, en lui arrachant un lambeau de dignité ; et le contraignait à coopérer à une œuvre inconnue sous peine de sombrer dans un naufrage commun. Acceptée par tous, elle ne contentait personne. Elle était un pis aller dont on aurait hâte de sortir pour donner une vie même éphémère à ce traité d'amitié des frères ennemis ; il fallait un trait d'union qui dissimulât les an-

gles et amortit les chocs ; un homme dont le talent
négatif ne pût faire ombrage, et dont le caractère
douteux permît à chacun de ne pas trop se mettre en
frais d'estime et de sympathie. Cet homme était
trouvé : il s'appelait Broglie. Physionomie sans relief, suffisance hautaine, amour de l'éclat ; vanité tur-
bulente et inquiète : il avait toutes les qualités de
l'emploi. Il savait s'agiter dans le vide, se mouvoir
sans avancer ; commander aux événements dont il
était le jouet. Il faisait avec aisance litière de son
passé libéral, et ne demandait qu'à s'enivrer du présent, sans renoncer aux espérances de l'avenir. Il ne
désirait guère la fusion. Mais elle était dans le programme, il lui prêta son concours. Elle n'était pas
absolument impossible, il fallait bien s'y faire une
place.

La fusion ! Tentative désespérée du parti royaliste,
pour laquelle on avait convoqué le ban et l'arrière-
ban des amis du trône. Mais que de difficultés à vain-
cre pour obtenir le succès ! Sans parler des républicains avec lesquels on devait compter ; jeter les bonapartistes par-dessus bord ; calmer l'appétit féroce
des d'Orléans ; rallier les ambitieux déclassés, fixer
les indices ; la tâche était trop lourde pour la faiblesse humaine. Il fallut mettre la Providence de la
partie. Dans nos trente-sept mille communes, on pè-
lerina sans mesure, on prophétisa sans vergogne, on
villipenda les républicains dans ce style pieux qu'en-
seigne l'*Univers* ; et toutes les madones de France se
livrèrent à une vraie débauche de miracles, au point,
dit M. Dupanloup, peu suspect en la matière, que les

faits surnaturels allaient devenir la règle et les faits naturels l'exception. On poussa des cris de joie, la fusion
se fait ; la fusion est faite. Tant de bruit fit naître des
illusions, et plus d'un sceptique se prit à croire à la
possibilité d'une restauration chambordienne. Vain
espoir ! La France avait parlé haut. Les recrues atten-
dues n'arrivèrent pas. Les bonapartistes restèrent atta-
chés aux flancs comme un chancre rongeur, et la
question d'arithmétique dont parle l'*Union* se dressa
simple et terrible comme un obstacle infranchissable.
L'échec fut piteux ; — n'ayons pas la cruauté de l'at-
tribuer à la Providence — à peine put-on sauver les
apparences par ce fameux drapeau sur la couleur duquel on ne pouvait rien concéder..... parce que toute
concession était superflue. On retomba dans le 24
Mai et l'on résolut de s'y barricader ; de là la prorogation.

Que faire, en effet, et par quelle porte se sauver ?
La majorité avait marché constamment en sens in-
verse du pays. De la République, acclamée par tous,
elle était passée a l'essai loyal ; et celui-ci se portant
trop bien, elle n'avait plus toléré que la République
sans républicains. Puis, se dépouillant du libéralisme
des mauvais jours, elle avait répudié le programme de
Nancy, adopté la réaction à outrance, l'état de siège
et le gouvernement de combat ; elle était à bout de
ressources et se heurtait à la dissolution. De plus, la
tentative avortée avait permis aux d'Orléans de constater l'impuissance de leurs aînés ; aux bonapartistes
d'acquérir le sentiment de leur force. Désormais, l'importance des trois était égale ; toute hiérarchie dispa-

raissait, ce qui relâchait l'union et rendait l'alliance précaire. Le gouvernement se sentait nécessaire, il s'assurait dix ans d'existence. Quand on proroge, on ne saurait trop proroger.

La proposition en fut faite par l'illustre Changarnier, l'un des héros de Metz. Les parrains de la fusion devenaient les parrains de la prorogation pour qu'il fût bien contaté que celle-ci n'était que l'avorton de celle-là.

Mais quel que fût le découragement des fusionnards, ils ne pouvaient renvoyer leur roy aux calendes grecques. Dix ans équivalaient à une abdication. Ils entendaient refaire leurs forces et non abdiquer. La proposition allait échouer, lorsque se révéla un de ces hommes rares que la Providence tient en réserve pour les temps difficiles, une de ces intelligences lumineuses qui apparaissent dans les temps troublés pour dissiper les ténèbres, dénouer les situations embarrassées, et conjurer le péril social, Depeyre était son nom.

Donc, Depeyre monte à la tribune. D'abord, il semble accablé sous le poids de sa grande conception.

Tantæ molis erat septennale condere regnum.

Il se recueille, on écoute ; enfin il ouvre la bouche et s'adressant tour à tour au gouvernement et à la majorité : « Vous, dit-il, vous prorogez trop, et vous, vous ne prorogez pas assez. Prorogez sept ans. Est-ce dit ? C'est dit. Et le Septennat fut.

III

Voilà le terrain sur lequel le gouvernement nous convie à défendre avec lui la société menacée. Avez-vous refusé de l'y suivre? Sans doute, puisque vous êtes révoqué. Pour moi, je m'y établis résolûment, et me mets en devoir d'en étudier les limites, d'en reconnaître la profondeur et la solidité, et de m'assurer si je cours quelques risques d'y voir sombrer mes espérances républicaines.

Comment définir le Septennat et qualifier l'acte par lequel l'Assemblée a confié pour sept ans au maréchal de Mac-Mahon, duc de Magenta, le pouvoir exécutif de la République française? Le Septennat est un être à plusieurs faces; il est à la fois, une décision de l'autorité souveraine, un pouvoir délégué, une durée présidentielle. La durée est-elle garantie, la décision régulière, le pouvoir converti en droit positif, c'est-à-dire consacré par une loi?

La loi, dit l'auteur du contrat social, est l'expression de la volonté générale. Elle est générale dans la volonté qui l'exprime, générale dans son objet; de telle sorte que la loi peut établir un pouvoir royal, mais ne peut élire un roi. Ce qu'ordonne un pouvoir, quel qu'il soit, sur un objet particulier ne saurait s'appeler une loi, mais bien un décret. D'où il suit qu'en votant la prorogation, l'Assemblée s'est déclarée en pleine possession de tous les droits de la nation et s'est dessaisie du pouvoir exécutif pour le confier au maréchal président, ce qui constitue de sa part un acte exécutif ou décret. Alors le vote du 18 novembre est un décret ? Mais le décret est une décision de l'exécutif destinée à régler l'application d'une loi. Il suppose une loi préexistante dont il fixe les rapports à des cas particuliers.

Où est la loi qui stipule qu'il y aura un président, et que ce président sera nommé pour sept ans ? Sur quoi donc s'appuie la prorogation ?

J'en conclus que le Septennat n'est ni une loi, ni un décret. Qu'est-il donc ? Il ne peut être qu'une volonté particulière substituée à la loi ; soumis à toutes les fluctuations qu'impriment à la volonté particulière les intérêts et les passions, les hommes et les événements. C'est cette volonté particulière que l'Assemblée a entendu déléguer comme un droit positif. Une volonté ne se délègue pas. Aussi, si je cherche en qui réside cette volonté devenue la constitution du pays, je trouve quatre personnes réelles ou morales qui en peuvent être considérées comme les organes ou les inspirateurs ; le chef de l'Etat, le ministère, la majorité, la Chambre.

Si l'Etat était bien réglé, ces corps auraient un rôle déterminé, des attributions rigoureusement définies.

Il serait vain de chercher cette limitation dans un état où le gouvernement légifère et la Chambre exécute; où les lois et les décrets se mêlent en une confusion inextricable dans laquelle viennent échouer les notions les plus élémentaires de droit public et de législation positive.

Il importe cependant de mesurer l'action qui appartient à chacun d'eux si l'on veut pressentir où nous conduira ce régime hétéroclite pour lequel il a fallu tout inventer, même le nom.

En procédant du simple au composé, je trouve la personne du président de la République. Que ne puis-je séparer l'homme de la fonction ; mais c'est le caractère propre des Etats mal définis de n'assurer aux citoyens d'autres garanties que les qualités individuelles de ceux qui les régissent.

M. de Mac-Mahon est maréchal du second empire et duc de Napoléon III. On le dit brave, ce qui n'est pas contesté; il sauva l'empereur, en Italie; la reconnaissance des Bonaparte lui est acquise, le jeune homme de Chiselhurst l'associe aux gloires de son père. Il passe pour très loyal ; c'est le mot consacré. Il déclara qu'il ne se mêlerait pas aux partis; puis, il en épousa trois. Chacun des trois le croit sien et doit avoir des raisons pour le croire. Le *Monde* le trouve providentiel, mais à demi seulement. — Les héros de l'antiquité n'étaient que demi-dieux. — Il l'en trouvera tout-à-fait le jour où il se mettra à la tête des armées pour faire tomber les chaînes du prisonnier du Vatican. Le *Figaro* le proclamera à jamais admirable, quand, imitant la conduite du général Pavia, il aura mis à la porte cette

Assemblée insensée qui aura forcé le plus honnête
homme de France à faire un coup d'Etat. M. de Mac-
Mahon est un esprit trop sage, dit le journal des d'Orléans, pour livrer le pays à l'anarchie ; s'il donnait sa
démission, ce ne serait que pour remettre le pouvoir
à un conservateur que les représentants du pays
auraient la possibilité d'établir. Et l'*Univers :* si le
cabinet s'opposait au retour de la monarchie, il n'aurait pas l'approbation de Mac-Mahon et serait ren-
versé.

Lui se déclare soldat, rien que soldat. Il se défend
d'être homme politique et proclame bien haut qu'il
n'entend rien aux affaires d'Etat. Il semble pourtant
qu'il ne serait pas inutile d'y entendre quelque chose,
quand on gouverne la France. Mais un de ses minis-
tres l'a déclaré, la responsabilité ministérielle existe
dans toute sa beauté, ce qu'autrefois on aurait ex-
primé par ces mots : Mac-Mahon règne et ne gouverne
pas. Décidément, ce n'est pas lui qui s'incarne la vo-
volonté dont nous parlions plus haut, et c'est bien à
tort qu'on a qualifié de mac-mahonnat le régime inau-
guré le 18 novembre. J'aimerais mieux l'appeler, avec
l'*Univers,* un broglionnat ; c'est le ministère qui détient le pouvoir, et M. de Broglie résume le ministère.
Mais le ministère est fragile, il peut disparaître, il dis-
paraîtra. Quant à la majorité, elle est la base sur laquelle repose tout cet échafaudage mal assis. Elle a
la haute main sur le ministère et le président ; cela
lui suffit. Elle sait qu'une dictature collective est tou-
toujours éphémère et que sa constitution n'est pas
assez robuste pour qu'elle la puisse exercer. Elle a la

conscience du mal intérieur qui la ronge. Elle a recours aux palliatifs pour prolonger une existence à laquelle elle s'accroche avec une ardeur désespérée.

La minorité, en effet, est là compacte et menaçante, et si l'opposition est souvent une force pour un gouvernement énergiquement constitué, elle est un écueil fatal quand elle n'en est séparée que par une distance de quatorze voix.

Le Septennat est donc le produit accidentel d'une situation; la résultante de forces combinées qui ne veulent pas périr et qui concourent à son maintien, chacune dans la mesure de l'activité qui lui est propre. Et quand on en veut connaître la solidité et la consistance, on en est réduit à chercher la consistance et la solidité des éléments qui le constituent.

Je le dis sans arrière-pensée, les républicains n'ont aucune objection à faire à ce que le maréchal conserve pendant sept ans le titre que lui a conféré le vote de l'Assemblée, et qu'à l'expiration de ce délai, il s'appelle comme aujourd'hui président de la République française. Ils n'attachent qu'une importance médiocre à la personalité du chef de l'Etat, et demandent tout aux institutions que la nation seule a le droit de créer.

Si une loi antérieure à l'élection du 18 novembre avait fixé la durée de la magistrature suprême, nul doute que cette durée ne fût à l'abri des accidents qui peuvent atteindre la vie humaine. Le président viendrait-il à disparaître, ou bien — passez-moi le cliché, trouverait-il trop lourd pour ses épaules le fardeau du pouvoir, l'Assemblée n'aurait qu'à substituer au magistrat défaillant un autre magistrat ; mais en l'absence d'une loi, la durée du gouvernement est liée à la vie d'un homme, elle en partage la fragilité.

Le ministère se meurt ; il est en proie à la fièvre hectique, conséquence naturelle de son chétif organisme et d'un développement trop hâtif, il ne vit qu'à la condition de ne pas parler, et sa politique n'est efficace que quand elle est le néant. Bientôt il ne sera plus, et ses membres rendus à leurs loisirs littéraires pourront, si le Septennat leur survit, chanter avec le chantre de Mantoue : *Sic vos, non vobis.*

La majorité : son attitude me rappelle la douloureuse manie de ces malheureux qui se croient de verre et n'osent faire un pas de peur de se casser. Ce qui n'est pour eux qu'une illusion est pour elle une réalité. Elle vit à la condition de ne pas se mouvoir. Combien de temps les partis qui la composent se résigneront-ils à l'immobilité ? Le mouvement, c'est la dislocation.

De l'Assemblée nationale, je ne veux rien dire d'irrespectueux. Elle est l'organe vivant et l'expression vraie de la volonté de la nation ; elle est éclairée et patriotique, législative et constituante, permanente et viagère. Son mandat n'a pas de limites. Mais on ne peut m'interdire de constater que, chaque jour, de son vieux tronc quelque rameau se détache, et que les rejetons qui prennent leur place nous promettent des fruits meilleurs.

Il n'est donc pas un seul des éléments qui constituent le Septennat qui soit assuré d'une existence de sept ans. Tous peuvent sombrer, ensemble ou sépa-

rément par la volonté ou contrairement à la volonté
des hommes. Je sais bien qu'il peut se produire alors
une combinaison nouvelle permettant à ceux qui dé-
tiennent le pouvoir de ne pas s'en dessaisir. Mais ce
régime, privé d'un ou de plusieurs de ses éléments
constitutifs ne sera plus le Septennat, il n'en aura
ni l'origine, ni le caractère, ni les tendances.

- Supposons que ce soit la personne du président qui
disparaisse ; quel changement dans la situation! Son
successeur inspirera-t-il la même confiance? Comp-
tera-t-on autant sur sa loyauté? La loyauté ne paraît
pas chose si commune, puisqu'on prise si fort celle du
maréchal. La prévision d'un coup d'Etat ne serait pas
de nature à calmer l'ardeur des partis. On a été jusqu'à faire un mérite au président de son inaptitude
aux calculs de la politique. Comment accueillerait-on
l'intervention plus active d'un autre chef d'Etat? Il
faudrait reprendre la loi des chinoiseries, pour le moment jetée au panier.

La chute du ministère n'amènerait plus seulement,
comme sous la royauté constitutionnelle, un changement de politique. Elle aurait des conséquences plus
graves et plus profondes. Une nouvelle majorité ministérielle, en quête des forces dont elle aurait besoin
pour vivre, inclinerait-elle vers l'extrême droite, où
elle n'a laissé en dehors d'elle qu'un groupe peu nom-
breux ; elle mécontenterait le président dont elle ferait
un lieutenant du roy, et la défection des hommes de
l'appel au peuple rendrait sa tentative vaine. Cher-
cherait-elle son appui vers la gauche : elle se heur-
terait au conservatisme de M. de Mac-Mahon qui ne

doit pas être le même que celui de M. Thiers, puisqu'en ce cas, son avénement au pouvoir n'aurait pas
eu de raison d'être. Elle romprait avec la droite tran-
sigeante, et devrait se passer des services des satis-
faits... qui ne le seraient plus.

Louis XI, à l'agonie, ne voulait pas qu'on lui parlât
de la mort autrement que par signes. L'Assemblée
n'entend pas qu'on lui parle de dissolution. Aussi,
n'en parlerai-je que comme d'une éventualité aperçue
dans le lointain, d'une hypothèse faite pour le raison-
nement. Mais enfin, elle peut se produire la dissolution. Elle sera suivie d'élections générales. Je ne puis
croire que M. de Mac-Mahon ait jamais eu l'intention
d'assumer sur lui seul toute la responsabilité des affaires. Un des quatre partis en présence en sortira victo-
rieux. Chacun se croit celui-là ; ce qui est naturel ; et
j'avoue que je partage la faiblesse commune. Si la majorité passe aux bonapartistes, — *dii avertite* — croyez-
vous qu'il oubliera que son jeune apprenti César est
déjà un prodige, qu'il est majeur, de par la constitution
de l'empire, et qu'il est prêt à se dévouer au bonheur
des Français. Si aux d'Orléans ; ils ont digéré les cinquante millions ; ils ne peuvent attendre sept ans. Les
royalistes trouvent que le Roy est déjà bien mûr. Ils
ne peuvent lui faire faire antichambre. Je ne vois que
les républicains qui puissent s'accommoder d'une si lon-
gue présidence. Eux ne regardent pas aux hommes
pourvu qu'on leur laisse le suffrage universel et qu'on
leur donne la liberté.

Qu'a fait l'Assemblée en nommant le président pour
sept ans en dehors de toute constitution ? Elle a fait

vœu de conserver invariable la volonté de le mainte-
nir au pouvoir, ce qu'elle pouvait promettre dans une
certaine mesure ; et que l'Assemblée qui lui succèdera
aura la même volonté, ce en quoi elle est allée peut-
être bien loin. Si l'on m'objecte qu'une Assemblée
peut prendre des résolutions immuables quant aux
personnes, sinon quant aux lois, je répondrai : de
quel droit l'Assemblée actuelle a-t-elle proclamé la déchéance de l'empire? Je dis que la constitution Rivet
atteignait les limites du possible.

Remarquez que je ne discute pas des questions de
droit. Je me mets en face des évènements, et j'en tire
des conséquences inéluctables.

De quelque côté qu'on se retourne, dans cette situation douloureuse, on se heurte à l'impossible et l'on
retombe dans l'inconnu.

Ah! je sais! ce qu'on n'a pas fait, on le fera. On or-
ganisera le pouvoir ; on votera les lois constitutionnelles. Quelle en sera l'autorité? Seront-elles aussi incom-
mutables? L'Assemblée, qui a fait, il y a deux ans, la
loi des municipalités, l'a défaite, il y a deux mois, et la
refera dans six, ne pourra-t-elle pas remanier la constitution? Et ce qu'elle pourra faire, la future Assemblée ne le pourra-t-elle pas? Or, quand on peut à tout
instant modifier les conditions du pouvoir, les rendre
inacceptables, ne tient-on pas dans ses mains la révocation de celui qui le détient?

Pour nous, l'élection d'un chef d'Etat ne peut être
qu'une délégation révocable. Mais, pour les coalisés du
24 Mai, elle a été un contrat avec le maréchal. Toute

réglementation ultérieure en infirme la valeur, en détruit le prestige.

Mais, est-ce que l'intention des coalisés a été de créer un gouvernement de sept ans? Ils se sont assuré la disposition exclusive de la force publique, voilà tout. Ils ont posé, en avant de leur camp, une sentinelle avancée pour protéger leurs mouvements et faciliter leurs intrigues. L'épée du maréchal, disait le *Pays*, écartera les républicains et nous permettra de procéder à la liquidation. Elle sera laborieuse, mais elle se fera à l'écart de l'ennemi commun.

Cette liquidation aura son premier chapitre dans la discussion des lois constitutionnelles. Chacun poussera les siens, ou voudra prendre position en vue des combats à venir. Et voilà la paix, le calme, la sécurité que l'on nous promet; et l'on s'étonne que les affaires chôment, que l'industrie languisse, que le commerce souffre et que tous ne prennent pas pour de l'argent comptant la septennalité du pouvoir.

Encore, si l'on avait pris les précautions que les grands législateurs n'ont jamais négligées pour imprimer aux peuples le respect de leurs œuvres. Moise reçut de Dieu, derrière un buisson ardent qui le dérobait aux regards des profanes, la loi sublime qui devait donner au peuple hébreux quinze siècles d'existence. Numa avait des accointances avec la nymphe Egérie. L'enfant d'Ismaël entretenait une correspondance suivie avec le messager du très haut. Marguerite Alacoque n'institua le culte du Sacré-Cœur qu'après avoir reçu de nombreuses visites nocturnes du Christ en personne.

Lycurgue fit jurer aux Spartiates d'observer ses lois jusqu'à son retour. Puis il s'exila à Delphes ; se laissa mourir de faim, ordonna que ses cendres fussent jetées au vent, pour que ses concitoyens ne fussent jamais déliés de leur serment.

On ne pouvait pas demander raisonnablement, à M. Depeyre, d'imiter le dévouement de Lycurgue. Mais voyons quelques *Te Deum !* Aucun évêque n'aurait refusé des *Te Deum* à M. Depeyre. Point, et le Septennat n'est protégé que par des moyens humains ; ils me semblent peu sûrs.

IV

Les procédés des amateurs de monarchie à l'égard
du Septennat forment un spectacle amusant dont nous
nous égaierions volontiers, si l'on pouvait s'égayer
sur un semblable sujet. C'est une alternative sans fin
de caresses et d'invectives, de petits soins et de coups
de massues. Cela me rappelle l'attitude des coprèten-
dants à une succession en présence du malade dont
ils attendent le trépas. Ah ! s'ils connaissaient les dis-
positions du futur défunt, ils s'en donneraient à cœur
joie et ne mettraient aucune entrave au libre essor de
leur impatiente cupidité. Peut-être même aideraient-
ils un peu la nature dans sa trop lente besogne, s'ils
pouvaient le faire honnêtement, sans éclat et en sau-
vegardant les apparences. Mais, ils ont des rivaux.
Le moment si ardemment désiré peut être un moment
de cruelle déception. Ils l'appellent et le redoutent.
La fin est là ; l'on y touche : vite un cordial pour ra-
nimer le trépassé. L'espérance vaut encore mieux que
certaines réalités.

Ecoutons un instant le concert patriotique auquel se

3

livrent les amis de l'ordre moral, et n'oublions pas que
c'est entre leurs mains que sont déposées en ce moment les destinées de la France. Il est entendu, d'ailleurs, que nous ne pénétrons pas dans le sanctuaire
vénéré de nos législateurs. Je me sens saisi, à son as-
pect, d'une terreur mystérieuse qui m'en défend l'ac-
cès ; c'est du dehors que nous recueillerons les échos.
Ecoutons.

Le Gouvernement. — Vous voyez bien que vos espérances ne peuvent aboutir, puisqu'elles sont contradictoires. Ajournez-les et sauvons la société. Ne
voyez-vous pas monter les flots de la démagogie? Vous
serez submergé, et nous aussi. Ces gens-là veulent
inaugurer le règne du nombre ; c'est affreux, c'est in-
sensé. Le nombre ne peut avoir raison, puisque c'est
nous qui avons raison, qui ne sommes pas le nombre.
Avec nous, plus de danger pour la religion, la famille, etc. Que tous les honnêtes gens viennent à nous
et nous gouvernerons sept ans, ce qui est fort joli.
Pur' dévouement, d'ailleurs ! vrai sacrifice ! Il n'y a
que les républicains qui soient des ambitieux. Nous
ne sommes pas un parti, nous sommes l'ordre. Tout
est pour le mieux, tant que nous sommes là. Serrons
nos rangs et exterminons les républicains.

Un Aspirant du juste milieu. — Sauver la société !
Connu ! On ne dit pas ces choses-là entre nous. Est ce
que la société a besoin d'être sauvée? Sept ans de
pouvoir ! Merci ! et nous donc ? Tout est pour le mieux !
Tous les gouvernements disent cela. Sganarelle avait

dit avant eux : Quand j'ai bu et bien mangé, je veux
que tout le monde soit saoûl dans ma maison.

Les Champions du trone et de l'autel. — On ne
vit pas trop mal sous le Septennat. Nous le défendrons
contre les entreprises des usurpateurs. Mais il ne sera
solide que s'il est monarchique. Il sera monarchique,
ou il ne sera pas. D'ailleurs, si le roi arrive avant
sept ans, nous ne le ferons pas attendre à la porte.
Nous avons un abri provisoire, nous le garderons en
attendant mieux.

Ceux de l'Appel au peuple. — Notre jeune homme
n'est pas encore mûr ; nous attendrons, pourvu qu'on
nous fasse une place commode. « Le Septennat est
éphémère, sa force est limitée, des événements impré-
vus et divers peuvent en abréger la durée. Il nous
conduit droit à l'empire. » Nous travaillerons, et quand
nous serons sur la voie, gare aux obstacles, nous les
écraserons.

La Gazette de France. — Si le Septennat est la
préparation à l'empire, il est donc l'ostracisme de la
monarchie?

Les d'Orléans. — Nous tenons cinquante millions,
des places, des ministères, des commandements d'armée. On gouverne d'après nos doctrines. Une seule
chose nous manque, mais nous l'aurons. Notre duc
sera vice-président. A la vérité, il ne sera que vice;
mais, quand le vice est président, il est quasi prési-

dent, et une fois président, il fera ce que font les princes-présidents. Vous comprenez?

LES CHAMBORDIENS. — Si, nous comprenons; trop! c'est-à-dire qu'il ne s'en ira plus. Ce n'est pas respectueux pour le Septennat. Nous vous contraindrons à le respecter. Nous sommes le droit. Rien ne prévaut contre le droit. La Providence ne nous infligera pas sept ans d'épreuves.

LES D'ORLÉANS. — Quelle imprudence est la vôtre! Je vous le dis avec peine : mais ni les hommes, ni la Providence ne veulent de vous. C'est clair, puisque deux fois elle vous a précipités dans l'abîme et qu'elle a frappé votre race de stérilité. Passez derrière moi. Nous nous appuierons les uns les autres. Ensemble, nous verrons encore de beaux jours.

LES NAPOLÉONIENS. — C'est donc pour intriguer que vous proposez une trêve. Vous déchirez le contrat, nous en prenons acte. Notre jeune homme est majeur. Il a le génie politique de son père et son étoile. La main de Dieu est là. Nous en appellerons au peuple : vous l'aurez voulu.

LES ROYALISTES RÉUNIS. — Quoi! vous oubliez que l'Assemblée a déchiré votre Constitution et flétri vos personnes. Vos mains sont encore rougies de sang. Vous êtes trop heureux que l'on vous pardonne.

Le Pays. — Allons donc! qu'importe la déchéance

à ceux qui demandent à la nation le retour de l'empire.

LE GOUVERNEMENT. — Voyons, pas de querelle. N'avons-nous pas ensemble assez de besogne contre les républicains?

TOUS. — Ereintons les républicains.

Remarquez que c'est là le langage des modérés, des hommes politiques, de ceux qui savent se dévier pour éviter l'obstacle, s'arrêter pour toucher le but. Quant aux purs, qui vont droit devant eux, sans peur et sans ménagements, leur langage est tel qu'il ne peut trouver place ici. Pour eux, le Septennat est un mythe, une équivoque, presque un abus de confiance. Et c'est ainsi que chacun, faisant bon marché de l'obligation, en ce qui le concerne, entend l'imposer à autrui et le contraindre à la respecter. Cette prétention passe souvent dans les faits. Un groupe monarchique sent-il baisser son influence, il jette les hauts cris, interpelle le ministère, vote contre, l'ébranle; puis, saisi de peur, le relève de ses propres mains et le remet sur son séant. Il en résulte un imprévu piquant dans les évolutions des groupes parlementaires; une contradiction perpétuelle entre les déclarations et les faits; des concessions inattendues, des rapprochements surprenants. On s'injurie en se serrant la main, l'on s'embrasse et l'on se mord; on accorde tout haut ce qu'on retire tout bas, et l'on n'a pas d'autre consolation que de frapper ensemble sur le dos des républicains. Cela s'appelle la trève des partis : c'est le bagne de la politique ; ils se croient les maîtres de la situation, ils sont les forçats du pouvoir. Ça, une trève ! mais c'est un champ clos où l'on combat à outrance. L'abeille veut dévorer le lys, le coq entend avaler l'abeille, et le spectateur lui souhaite plein succès, pourvu que l'abeille laisse le dard au passage et l'étrangle.

Cependant, le gouvernement, sans cesse menacé, tient bon et se rengorge dans la haute opinion qu'il a de son habileté. Il n'a eu qu'à se laisser faire. On avait besoin de lui.

Vous pensez bien que dans la mêlée les principes reçoivent plus d'une atteinte, et qu'il n'est pas toujours facile, même au sein de l'Assemblée, d'apercevoir sous quelle bannière s'abritent les combattants.

Ma foi, tant pis! j'entre dans le sanctuaire et je jette un coup-d'œil respectueux sur les dieux qui l'habitent.

Voici d'abord la cohorte des chevau-légers. Elle est peu nombreuse, mais elle est brave. Décimée par les défections, elle garde sa fierté d'allures. Elle veut Henri V, mais pour arriver au règne de Dieu. La théocratie est son rêve. Elle évite avec soin ceux qui veulent « concilier les ténèbres avec la lumière et pactiser avec la fausse sagesse du siècle. » Elle vit sur les idées du passé ; mais elle exerce une certaine attraction. Le passé attire comme le mystère.

Puis, l'armée des Réservoirs. J'y vois de vieilles connaissances. Plusieurs ont combattu avec nous le bon combat de la liberté. Les décentralisateurs de Nancy : nous voulions ensemble la commune libre et les maires élus; les conseils généraux administrateurs du département. Ils adorent ce qu'ils ont brûlé et brûlent ce qu'ils ont adoré. Ne nous plaignons pas de ne plus compter sur eux, puisque le roi lui-même n'y compte plus. A nos questions indiscrètes, ils pourraient répondre, peut-être, que, loin qu'ils soient infidèles à la liberté, c'est la liberté qui leur est infidèle.

La troupe Rouher, Eschassériaux ; passons.

Le centre droit : les doctrinaires et les libéraux ; ajoutons : les parvenus. Dix-huit ans, ils ont demandé la liberté dont ils avaient besoin et combattu les arguments que maintenant ils invoquent. Pour les confondre, on n'a qu'à ramasser leurs discours d'autrefois. Ils reviendront à nous, quand ils ne seront plus au pouvoir.

Vers le milieu, un petit groupe ondoyant et divers ; sa mobilité m'empêche d'y fixer mes regards.

Quel lien unit ces gens-là? Quel principe les domine? Quoi de commun dans leurs aspirations et quelle force dans cette majorité de hasard qu'un faux mouvement suffit à renverser?

Plus loin, les gauches réunies. Quelque divergence dans les questions de conduite ; des impatiences comprimées; partout la passion du droit et de la justice. Sur cette masse compacte plane un principe du haut duquel on ne distingue plus les nuances : le principe de la souveraineté nationale.

Il est impossible, quand on étudie sérieusement et de sangfroid la situation des partis, de retenir ce cri parti du cœur et de la raison : la France sera républicaine ou elle ne sera pas.

V

Que serait-elle autre chose ?

Royaliste ? Nous n'avons rien à dissimuler ; si nous étions condamnés à une restauration monarchique, c'est celle-là que nous choisirions. Le gouvernement le moins contesté sera toujours le meilleur et l'hérédité monarchique est une garantie contre les controverses qui viennent saper dans leur base tous les gouvernements de fait. Mais pour que le principe ait son efficacité, il faut que son union avec le fait se cache dans la nuit des temps et que le peuple n'ait jamais eu la fantaisie d'en éclairer l'origine. Contesté, il s'évanouit et le peuple n'obéit plus qu'à la force. Que Messieurs de la légitimité demandent aux d'Orléans et aux Bonaparte leurs alliés, ce qu'ils ont fait du prestige de l'hérédité, ils l'ont tué. Le dogme politique est mort ; la foi est éteinte. Plus encore que le souvenir de l'ancien régime, le scepticisme politique écarte les Bourbons. Mais la nation sait aussi que la seule menace de la fusion a jeté l'Italie dans les bras de la Prusse ; que l'alliance de la royauté avec le dogme romain est fatale. Elle le sait et la repousse. La France veut être française, elle ne veut pas être romaine.

La royauté est impossible.

Orléaniste ? écoutez : Il y a trois ans, la France se débattait sous les étreintes de l'agonie. Surprise dans un moment d'égarement par un vainqueur impitoyable, elle demandait à ses enfants, pour payer la rançon, jusqu'à leur dernière obole. Alors surviennent les d'Orléans. Ils n'ont pas assez des richesses que leur a légué le passé ; ils viennent puiser dans ses entrailles cinquante millions. Ce jour-là, ils ont donné la mesure de leur patriotisme.

L'orléanisme est impossible.

Bonapartiste ? Quoi ! ce n'est pas encore assez de sang et de larmes ! Ah ! ils espèrent bien, les bonapartistes, que le peuple oubliera l'invasion étrangère et les maux terribles qu'elle entraîne à sa suite pour ne se souvenir que de la prospérité relative dont il a joui pendant vingt ans.

Eh bien ! non, le peuple n'oublie pas, il apprend. Les faits n'arrivent pas facilement jusqu'à lui. Courbé sous le poids du travail, il n'a pas le loisir de s'en instruire. Il relie mal les effets à leur cause et prodigue souvent sa reconnaissance à qui le trahit. Mais, avec le temps, la lumière se fait et il apprend.

Il apprend que les gouvernements ne sont pour rien dans sa prospérité matérielle et qu'elle est le fruit de son travail.

Il apprend que, pendant qu'il détourne ses regards de la chose publique, les jouisseurs s'attribuent la plus large part des épargnes qu'on lui demande.

Il apprend que des emprunts, sans cesse renouvelés, creusent un abîme sous ses pas, et que, pour le dissimuler, on se lance, d'un cœur léger, dans une guerre folle où il viendra s'engloutir corps et bien.

Il apprend que ses richesses ne suffiront pas pour racheter tant de malheurs et qu'il y faudra laisser des lambeaux de sa chair.

Les deux premiers empires se sont effondrés dans les mêmes désastres. Le troisième, dit M. de Franclieu, nous coûtera la Champagne.

Les Bonapartes sont impossibles.

Impossible, impossible toute restauration monarchique! Non pas parce que les autres partis coalisés lui seront un obstacle invincible, mais parce qu'elle ne pourra jamais devenir une institution acceptée, durable, capable de pacifier les esprits et de satisfaire les intérêts.

Si l'une des monarchies en présence parvenait à tromper la vigilance des autres et à s'emparer de la force publique, son règne sera éphémère, et nous rentrerions dans le cercle tant de fois parcouru des révolutions et des dictatures, mais avec une marche plus précipitée et des chutes plus désastreuses.

Nous connaissons les moyens de nos adversaires. Ils resteront impuissants.

Ils veulent tuer la presse. Les enseignements du passé seront donc toujours perdus. Est-ce qu'on tue la presse? Elle serait morte depuis longtemps si on avait pu la tuer. Vous auriez exterminé tous les journaux républicains, excepté un ; vous auriez perdu votre peine. Que dis-je, de ce journal sauvé, vous auriez fait une puissance. Le monopole créé en sa faveur centuplerait son action. Les rigueurs du Deux-Décembre donnèrent, au *Siècle*, un million de lecteurs. Vous supprimeriez tous les journaux, il resterait encore la brochure. Après la brochure, le livre. Et quand vous supprimeriez tout cela, supprimeriez-vous aussi les publications innombrables déjà répandues entre les mains du peuple. L'esprit moderne a tout imprégné de son soufle. L'esprit moderne sera plus fort que vous.

Vous voulez mutiler... pardon, réglementer le suffrage universel; vous infirmez votre propre autorité puisque vous en êtes les élus. Mais pensez-vous pouvoir effectuer le tirage des bons et des mauvais, des royalistes et des républicains? Prenez ce vous vous voudrez; le domicile ou le cens, le suffrage à deux degrés ou le double vote, vous n'y parviendrez pas, et si si vous y parveniez, vous ne feriez que rendre plus implacables les passions qui vous divisent. Qu'est-ce qui maintient votre union, sinon la crainte de l'ennemi commun qui vous déborde? Ecartez-le. Où sera la barrière à vos fureurs de partisans?

Il faut que la volonté de la nation soit faite.

Quoi! la tyrannie du nombre! Eh bien! ne vaut-elle pas la tyrannie des factions et des coteries? Si la raison n'est pas à la majorité, comment établirez-vous qu'elle est à la minorité? Soyez donc logiques. Inclinez-vous devant la minorité de la Chambre.

Vous dites que la lumière est du côté du petit nombre; allez directement au but. Séparez les savants des

ignorants, les clairvoyants des aveugles ; je vous mets
bien au défi d'aborder le problème.

Vous voulez que la richesse soit représentée, est-ce
que la richesse n'est pas dans le nombre ?

Vous voulez que la propriété ait des droits plus
étendus à se faire représenter. Prenez garde, vous
portez à la propriété le plus rude coup qu'elle ait jamais reçu. Pour que la propriété soit légitime et res-
pectée, il faut que pas un n'ignore qu'elle est d'intérêt
public, que le peuple a autant d'intérêt à ce qu'il y
ait des riches, que les riches à ce qu'il y ait des pauvres. Le jour où vous aurez séparé les intérêts des
pauvres de ceux des riches, vous aurez allumé la
guerre civile des intérêts. Je ne dirai pas, avec un des
vôtres, que le suffrage restreint tombera sous les coups
de l'émeute ; je dis qu'il trompera vos espérances.

Il est temps de finir.

Vous et moi, nous voulons que, pendant sept ans,
le maréchal de Mac-Mahon conserve le titre de président de la République française.

Ce que nous repoussons, c'est la politique de
combat.

Nous voulons que la nation ait le dernier mot dans
les affaires du pays ; pour cela, la responsabilité ministérielle nous suffit. Ah ! ce n'est pas notre idéal.
Les républicains veulent la responsabilité partout, à
la base comme au sommet. Mais puisqu'ils s'engagent
à respecter la durée de la période présidentielle, la

responsabilité du chef de l'Etat n'aurait pas de sanction; elle serait un leurre comme sous l'empire.

Ce que nous repoussons, c'est l'éventualité d'un coup d'Etat; et qu'on nous comprenne bien. Pour nous, le coup d'Etat n'est pas seulement l'insurrection du pouvoir contre la loi, accompagnée d'assassinats et de proscriptions, comme au Deux-Décembre. Ce coup d'Etat n'est pas à craindre avec M. de Mac-Mahon.

Pour nous, le coup d'Etat est tout ce qui s'oppose à l'accomplissement de la volonté nationale.

C'est la mutilation du suffrage universel.

C'est la captation du suffrage universel.

C'est une Chambre-Haute, émanation du pouvoir exécutif, représentant ses fantaisies ou ses intérêts, investie du droit de briser la représentation du peuple.

Nos prétentions se résument en un mot : souveraineté nationale: Nous ne serons pas déçus.

Les premiers chrétiens disaient à leurs persécuteurs : malgré vos persécutions, nous remplissons les camps, l'administration, les places publiques.

Les républicains disent : Vous nous chassez de l'administration, mais nous sommes partout. Nous sommes le nombre.

L'illustre homme d'Etat, à qui nous devons d'avoir abrégé les tortures de l'occupation étrangère, disait aux délégués de New-York : Il n'y a qu'un gouvernement de possible en France. C'est la République. La

France le comprendra. Je le dis sans illusion, j'espère, oui j'espère.

Et moi aussi j'espère, oui j'espère. Nous sommes le droit et la raison, la justice et l'humanité : nous serons la force.

Toulouse, impr. Vialelle et C⁰, rue du Lycée, 9.

www.ingramcontent.com/pod-product-compliance
Lightning Source LLC
Chambersburg PA
CBHW060743280326
41934CB00010B/2329